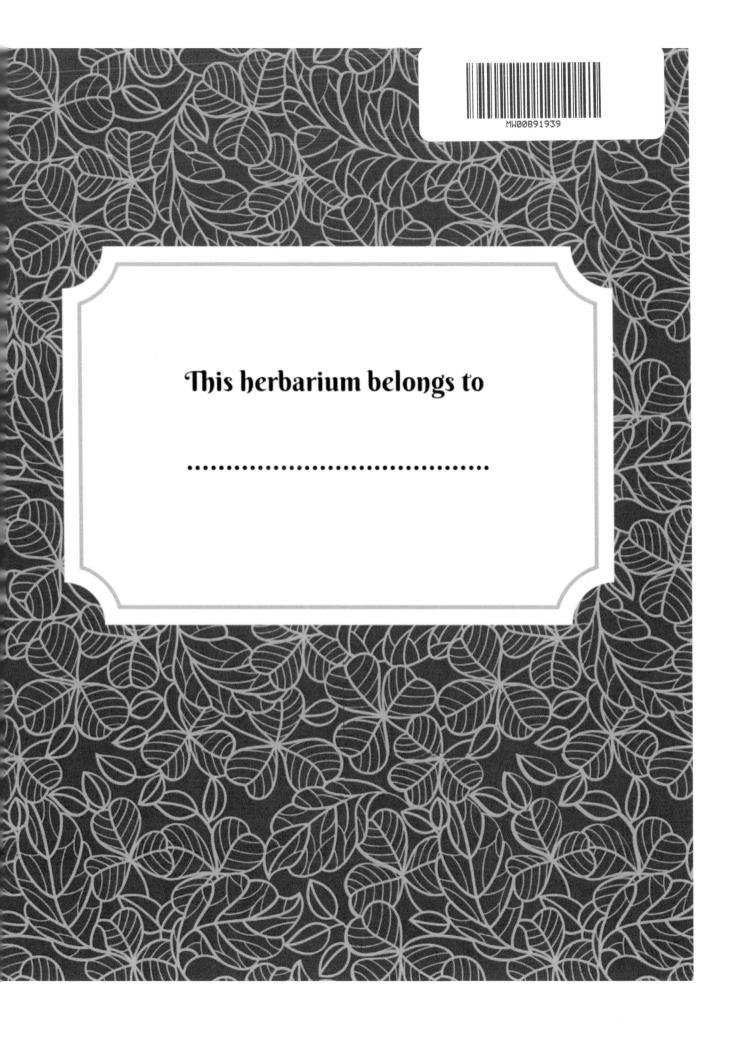

This herbarium belongs to

....

Common name: ....

Scientific name: ....

Location: ....

Date: ....

Common name: ....

Scientific name: ....

Location: ....

Date: ....

Common name: ....
Scientific name: ....
Location: ....
Date: ....

Common name: ....

Scientific name: ....

Location: ....

Date: ....

Common name: ....
Scientific name: ....
Location: ....
Date: ....

Common name: ....

Scientific name: ....

Location: ....

Date: ....

Common name: ....
Scientific name: ....
Location: ....
Date: ....

Common name: ....

Scientific name: ....

Location: ....

Date: ....

Common name: ....
Scientific name: ....
Location: ....
Date: ....

Common name: ....

Scientific name: ....

Location: ....

Date: ....

Common name: ....
Scientific name: ....
Location: ....
Date: ....

Common name: ....
Scientific name: ....
Location: ....
Date: ....

Common name: ....

Scientific name: ....

Location: ....

Date: ....

Common name: ....

Scientific name: ....

Location: ....

Date: ....

Common name: ....
Scientific name: ....
Location: ....
Date: ....

Common name: ....

Scientific name: ....

Location: ....

Date: ....

Common name: ....

Scientific name: ....

Location: ....

Date: ....

Common name: ....
Scientific name: ....
Location: ....
Date: ....

Common name: ....

Scientific name: ....

Location: ....

Date: ....

Common name: ....

Scientific name: ....

Location: ....

Date: ....

Common name: ....

Scientific name: ....

Location: ....

Date: ....

Common name: ....

Scientific name: ....

Location: ....

Date: ....

Common name: ....
Scientific name: ....
Location: ....
Date: ....

Common name: ....
Scientific name: ....
Location: ....
Date: ....

Common name: ....

Scientific name: ....

Location: ....

Date: ....

Common name: ....
Scientific name: ....
Location: ....
Date: ....

Common name: ....

Scientific name: ....

Location: ....

Date: ....

Common name: ....

Scientific name: ....

Location: ....

Date: ....

Common name: ....

Scientific name: ....

Location: ....

Date: ....

Common name: ....

Scientific name: ....

Location: ....

Date: ....

Common name: ....

Scientific name: ....

Location: ....

Date: ....

Common name: ....
Scientific name: ....
Location: ....
Date: ....

Common name: ....

Scientific name: ....

Location: ....

Date: ....

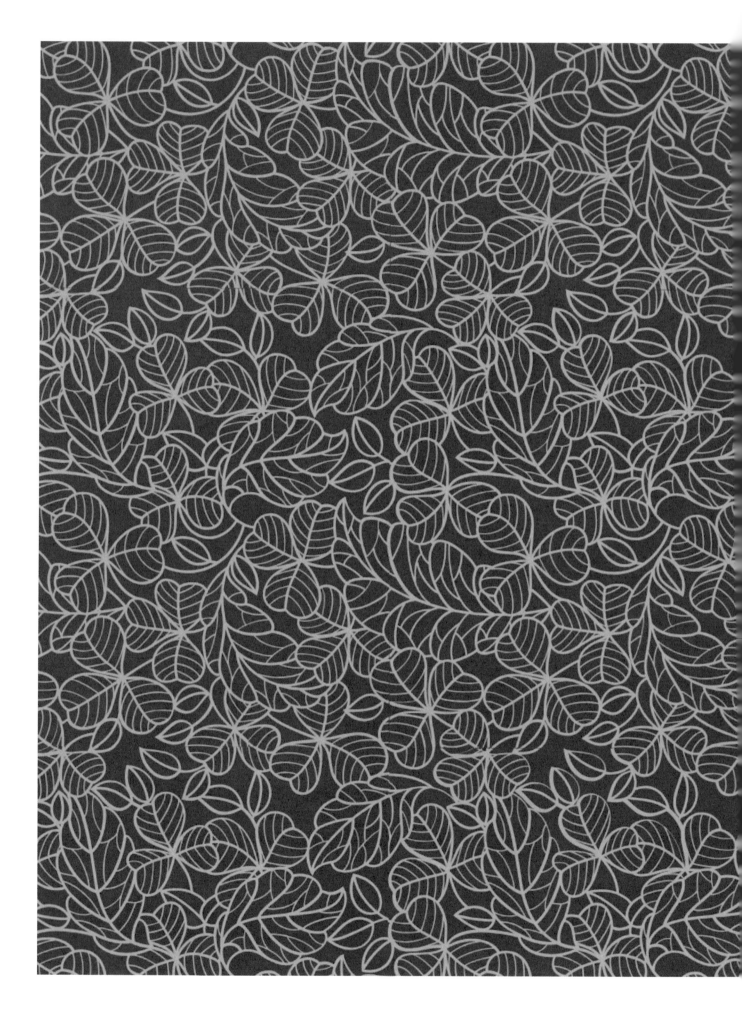

Common name: ....

Scientific name: ....

Location: ....

Date: ....

Common name: ....
Scientific name: ....
Location: ....
Date: ....

Common name: ....

Scientific name: ....

Location: ....

Date: ....

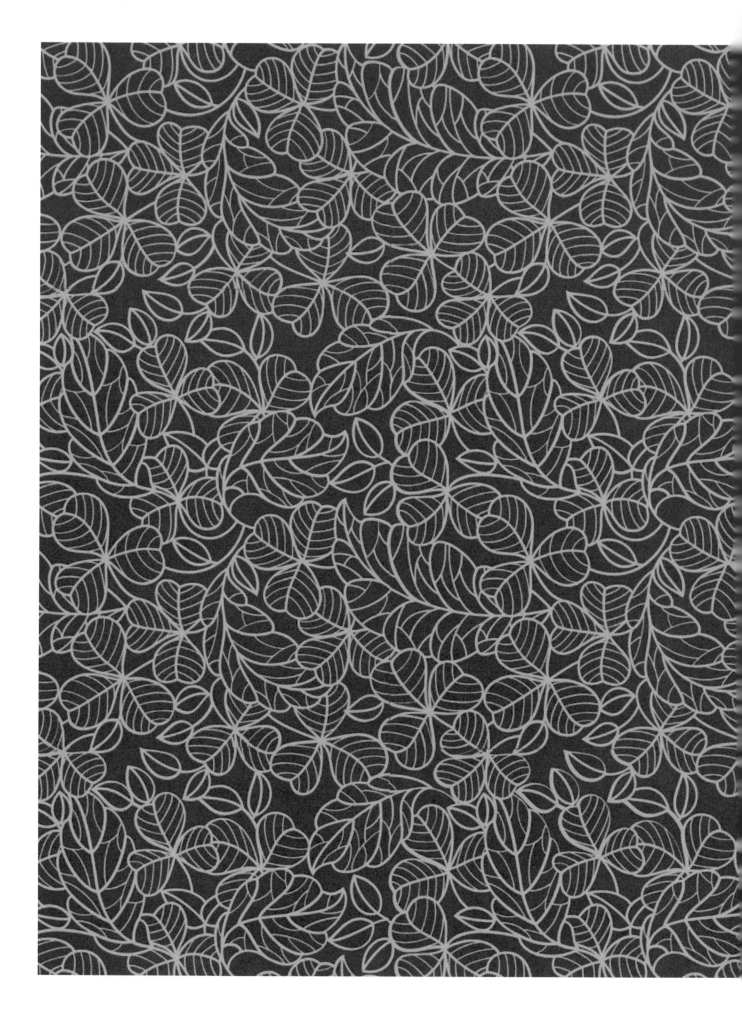

Common name: ....
Scientific name: ....
Location: ....
Date: ....

Common name: ....
Scientific name: ....
Location: ....
Date: ....

Common name: ....

Scientific name: ....

Location: ....

Date: ....

Common name: ....

Scientific name: ....

Location: ....

Date: ....

Common name: ....

Scientific name: ....

Location: ....

Date: ....

Common name: ....

Scientific name: ....

Location: ....

Date: ....

Common name: ....
Scientific name: ....
Location: ....
Date: ....

Common name: ....
Scientific name: ....
Location: ....
Date: ....

Common name: ....

Scientific name: ....

Location: ....

Date: ....

Common name: ....

Scientific name: ....

Location: ....

Date: ....

Common name: ....
Scientific name: ....
Location: ....
Date: ....

Common name: ....
Scientific name: ....
Location: ....
Date: ....

Common name: ....
Scientific name: ....
Location: ....
Date: ....

Common name: ....

Scientific name: ....

Location: ....

Date: ....